잠깐이면 빠져드는 시

잠깐이면 빠져드는 시

박상호 시집

신아출판사

머리말

이 책은 모태솔로입니다. 아직 저의 시집에 사랑에 빠진 사람은 없습니다. 이 책을 보는 여러분들이 어떻게 보면 허당이고 어떻게 보면 유머 넘치는 저의 책을 사랑해주셨으면 합니다.

고등학교 생활을 하면서 그동안 제가 경험하고 생각하고 느껴온 그대로를 멋진 말재주나 어른 흉내를 내지 않고 그저 이야기하듯 써 내린 시입니다.

여러분들의 머릿속에 있는 시와는 사뭇 다른 느낌일 수도 있습니다. 하지만 조금만 깊게 생각해 본다면 저의 글에도 큰 의미가 담겨있답니다.

지금부터 저의 시를 읽으시면서 바쁜 일상 속에 잠시 잊고 지내 온 자신의 꿈과 추억 그리고 사람들을 다시 한번 생각하는 계기가 되시기를 바랍니다.

자, 이제 모태솔로인 저의 책에 사랑에 빠질 준비가 되셨다면 끝까지 읽어주시고 애인처럼 소중히 여겨주시길 바랍니다.

| 목차 |

1부 내일

가장 기다리는 일 • 12
가장 소중한 것 • 13
건축학개론 • 14
게임 메세지 • 15
경쟁 • 16
경쟁 사회 • 17
고민 • 18
괜찮아 • 19
귀향 • 20
그리운 사람 • 21
길 건너 친구들! • 22
길 • 23
꽃샘추위 • 24
꿈 • 25
나에게 군대는 • 26
날기 위해서 • 27
내가 솔로인 이유 • 28
내일 • 29
너는 멋진 사람이야 • 30
너를 • 31
네잎 클로버 • 32
눈 꽃송이 • 33

2부 다음에

36 • 다음에
37 • 대통령
38 • 대통령 2
39 • 동화
40 • 때로는
41 • 로봇
42 • 모기야
43 • 목표
44 • 바다야
45 • 바람
46 • 바람피지마
47 • 박수
48 • 부러움
49 • 비
50 • 비린내
51 • 사람 마음
52 • 사람
53 • 사람을 잊지 못하는 이유
54 • 사람이 사람에게
55 • 사랑
56 • 사랑 2
57 • 사요나라

3부 연락

사진 • 60
사회 • 61
삶 • 62
섭섭함 • 63
성적 • 64
세 개 난제 • 65
솔직히 말해 • 66
수능 공부 • 67
수능 공부 2 • 68
시간 • 69
시키는 대로 • 70
시험 전야 • 71
신호등 • 72
아직 살 만한 세상 • 73
악마와 사람 • 74
알아요 • 75
야식 • 76
야자 • 77
어둠이 무서운 이유 • 78
엘리베이터 인생 • 79
여유 • 80
연락 • 81
연애 중 • 82
연애는 초콜릿 • 83

4부 우리의 꿈

86 • 오늘
87 • 오직 한 사람
88 • 우리의 꿈
90 • 우리나라
91 • 월요일
92 • 유토피아
93 • 의지
94 • 이별한 친구에게
95 • 이상형
96 • 익스트림 스포츠
97 • 일찍 핀 꽃
98 • 잎
99 • 자동차
100 • 잔소리
101 • 전교 1등
102 • 정류장
103 • 조퇴증
104 • 종이 인간
105 • 주제 파악
106 • 진짜 친구

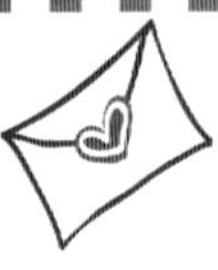

5부 폭포

짝사랑 • 108
짝사랑 2 • 109
짝사랑 3 • 110
추억 • 111
교문 • 112
카톡 • 113
콜라 • 114
크리스마스 • 115
태극기 • 116
폭포 • 117
품절남 • 118
하늘 위 나무 • 119
하늘 • 120
하루 살이 • 121
해바라기 • 122
확률 • 123
후아유 • 124
황혼의 밤바다 • 126
흔들바위 • 127
흰 장미 • 128
힘내 • 129

1부

내일

가장 기다리는 일

급식시간 빨리 오기를 기다리고
주말이 빨리 오기를 기다리고
방학이 빨리 오기를 기다리고
친구와 약속시간이 빨리 오기를 기다리고
용돈 받는 날이 빨리 오기를 기다리고
이성이 빨리 말 걸어주기를 기다리고
그중 가장 기다리는 일이라면

내 친구가 빨리 솔로가 되길 기다리는 일이다

가장 소중한 것

가장 소중한 것은 생명이라고
그건 바로 자신이라고

사람이 실수하듯
잘못된 생각 정도는 실수로 할 수 있어도
그 생각을 선택해 가장 소중한 것을 잃는다면

그 생명을 가장 소중한 것으로 여기던 사람도 너무나 슬퍼
진다
가장 소중한 것
자신을 잃지 마라

건축학개론

새 건물 지으려면
옛 건물 철거하잖아

새 애인 사귀려면
옛 애인 잊어라

게임 메세지

필요할 땐 보내지도 않더니
연락 많이 와서 설렜잖아

경쟁

1 더하기 1은 2
더 높이 올라갈 수 있음을 알면서도
왜 우리는 1과 1끼리 서로 경쟁하는 걸까
2 3 4 5 6 7
우리가 함께한다면 더 성장할 무한한 가능성이 있는데

경쟁 사회

언제부터 우리가
남의 뒤처짐으로 안심하는
그런 사람이 되었을까

고민

만약 내가 딸을 가진 아빠라면
나 같은 남자에게 시집보낼 거냐고 고민해 보란다

만약 내가 아들을 가진 엄마라면
나 같은 여자에게 장가보낼 거냐고
고민해 보란다

고민할 것도 없지
이젠 남부끄럽지 않게 살
나를 준비해야지

괜찮아

괜찮아
괜찮아
다 괜찮아

귀향

가시는 길 돌아보지도
후회하지도
원망하지도
미안해하지도 마옵소서

당신은 태어나 나와 연이 아니었지만
나는 당신이 얼마나 아름다웠는가를 알 수 있습니다
어느 낯선 이의 사진 앞에 고개 숙인 사람들이
그것을 말해주더군요

하늘도 울던 날이 아니었습니까
가시는 길 누군가 만난다면
나는 아름다운 사람이었다 말하세요
지금 여기 이곳에 남은 세상을 아름답게 꾸려 갈 사람들의
소중한 사람이셨으니까요
부디 편히 가세요

그리운 사람

진정 그리워한다면
나의 사랑했던 사람이 아니라
나를 사랑했던 사람이라고 해야지

길 건너 친구들!

그린라이트면 건너야지
뭘 망설여

길

끝이 보이지 않아도
나아갈 수 있는 길은 있잖아
쉬어가든 달려가든 말이야

꽃샘추위

그대와 걷던 꽃밭 위에 불던 새하얀 바람
싸움의 시기가 지나고 침묵의 시기가 찾아와
이별의 시기를 맞이하니
지금은 그저 붉은 바람만이 나를 스친다

그대에게도 그날의 바람이 닿기를
바람이 그대를 부를지라도 난 그대 아닌
봄날의 꽃을 부른 것이라 말하리라
그날에 봄날 위에 서서

꿈

잘 때 꾸는 꿈만 잘 잊어버리는 건 아닌가 봐
내가 지금 어떤 꿈을 가지고 있는지도 잘 잊어버리거든

나에게 군대는

유치원생일 때 나에게 군대는 멋진 형들이 있는 빨리 가 보고 싶은 곳이었고
초등학생 때 나에게 군대는 부모님과 떨어져 지내 가기 싫은 곳이었고
중학생 때 나에게 군대는 혹독한 훈련이 무서워 가기 싫은 곳이었지만
지금의 군대는 생활이 무서워 가기 두려운 곳이 되었다

나라를 지키려 애를 쓰기보다
자신을 지키려 애를 써야 하는
국방의 의무가
날이 갈수록 무섭고 두려울 뿐이다

날기 위해서

날기 위해서는 불이 필요해
날아올랐을 때도 꺼지지 않고 타오를 수 있는
그런 불

내가 솔로인 이유

세상에는 여자가 참 많대
근데 남자도 많아

내일

누군가에게 내일은 학교 가는 날이고
누군가에게 내일은 입대하는 날이고
누군가에게 내일은 중요한 발표가 있는 날이고
누군가에게 내일은 사랑하는 사람과 결혼하는 날이고
누군가에게 내일은 세상의 빛을 보는 날이고
누군가에게 내일은 하늘로 돌아가는 날이고
누군가에게 내일은 어떤 일이 펼쳐질지 모르는 날이다

누군가에게는 오지 않았으면 하는 내일이지만
누군가에겐 빨리 왔으면 하는 내일이기에

내일이 참 아름다운 날이 아니던가

너는 멋진 사람이야

천재가 아닌 것에 실망하지 말고
불편한 것 없는 평범한 너에게 만족해라

천재도 아니고 부자도 아니고 유명인이 아닐지라도

너는 너야
너는 멋진 사람이야

너를

금색 빛깔 노을을 훔치러 온 갈매기처럼
나도 너를 훔칠 테야

네잎 클로버

평범한 잎과 달라서 행운이 된 클로버
우리와 조금 달라서 피하게 된 장애우
다르다는 걸 생각하기보다는
생각이 달라져야 한다는 걸
우리는 알고 있는 걸까

눈 꽃송이

반짝이는 예쁜 눈이 내릴 적에는
그 반짝임에 반해 모으고 모아 눈덩이 같은 사랑을 하더니

따스해져 조금 녹아버리니
달달한 향기 풍기는 꽃송이에 사랑을 주더라

반짝이는 예쁜 눈은
너의 발길 한 번에도 산산조각 나 내팽개쳐지지만 그럼에도 꽃송이가 지고 다음 겨울 눈으로 내릴 적에 좀 더 반짝이기 위해 노력하더라

자신의 반짝임에 반해 다시 사랑하도록

아름답게 반짝이는 눈 꽃송이야
서럽게 내려 녹아버리는 눈 꽃송이야

아직 너는 녹을 때가 아니란다

2부

다음에

다음에

꽃이 이번 봄에 진다고
다음 봄에 다시 안 피어나?
너도 이번에는 지더라도
다음번에 다시 피어날 수 있어

대통령

형아 형아 대통령이 뭐야?
음… 국가의 원수?

대통령 2

국가의 수상
국가의 밉상

그 어느 쪽이든
우리의 우상이 되어주기를

동화

동화 같은 세상에서
동화 같은 사람들과
동화 같은 삶을 살았으면

때로는

때로는 고개를 숙여야 보이는 것이 있다
때로는 고개를 숙일 줄도 알아야 한다
보이지 않던 것을 보기 위해서는
때로는 고개를 숙여야 한다

* 가끔은 고개를 숙여 보거나 둘러보거나 하늘을 바라보면 평소 보이지 않던 내 주변의 것들이 보일 때가 있다. 그곳에서 소소한 행복을 느낀다.

로봇

고장난 깡통 로봇처럼
앞으로도 사람 아닌 로봇이 고장 나 있기를

미래에도 로봇 아닌 사람이 일하고 걷기를

모기야

모기야 모기야
피만 뽑아가지 말고
살 좀 뽑아가봐

목표

빛을 본 적도 없는데
땅 밑에 자리 잡아
하늘이 목표라 말하고 있다

바다야

자꾸 밀당하지 마
내가 너에게 빠져버리잖아

바람

잘 보다 보면
잘 듣다 보면
바람도 볼 수 있어

때론 바람이 툭 툭 치는 것도
자기를 봐 달라는 뜻일지
누가 알겠어
잘 봐봐
잘 들어봐

바람피지마

평생을 누군가에게 조금 더 잘생기고 예쁘고 키 커 보이고 유머 있어 보이고 착해 보이려 노력하며 산다

하지만 평생을 사랑해야 할 사람은
오직 한 사람뿐이다

박수

잠시의 박수를 위해 노력한다
그 환호와 박수가 노력을 만든다
박수는 노력을 친다

부러움

어느 접어든 골목 속에
다정하게 낡아있는 너희가
이제는 한없는 꿈이더라

늙어버린 젊음의 시간을 보내는 우리들이 이따금 늙어갈 적에는
너희처럼 다정하게 한자리에서 함께 늙어가면 좋겠더라

미소 한 주먹 띄우며 멋진 사진과 시 한 편 보고 있을 친구와
다정하게 어깨동무하며 변치 않을 세월을 함께 하고 싶더라

부러워라 부러워라

비

오늘은 비가 오는 날인데
왜일까 서로 꽃다발 주고받으며
축하하고 있다

비린내

우리나라가 삼면이 바다여서 그런가
항상 비리비리한 비린내가
이리도 진동하네

사람 마음

나무는 항상 그 자리에 묵묵히 서 있지만
나무의 그림자는 항상 바뀌듯

사람의 겉모습이 변치 않더라도
시간이 지나면 속마음은 바뀌어 버려

사람 마음은 바뀔 수 있는 거야
사람 마음은 바뀌는 거야
그래 다 그런 거야

사람

너무도 친했던 친구가 단지 옆 반일 뿐인데 멀게 느껴지던 날

4년 지기 친구보다 올해 사귄 친구가 더 좋던 날

8년 지기 친구가 단지 옆 동네로 이사 갔을 뿐인데 만남이 어색하던 날

난 안 그런 줄 알았는데

사람이라는 게 다 변하나 보다

사람을 잊지 못하는 이유

사람을 잊지 않고 계속 기억하는 이유는
누군가 이름을 불러 주고 사랑해 주기 때문이다
그래서인가

그 사람을 잊지 못한다

사람이 사람에게

사람들은 우리에게 등급을 매깁니다
저 친구는 1등급이니까 비싸고
저 친구는 3등급이니까 그럭저럭 할 테고
저 친구는 5등급이니까 팔리지도 않겠네요

아, 제가 소나 돼지냐고요?
에이 아니에요 저도 여러분들과 같은 사람입니다

사랑

내가 미워도
네가 미워도
그저 그렇게 사는지라
미워하더라도
오늘 나와 네가 살아있다면

그저 자신을 또 누군가를
사랑하라

사랑 2

내가 있어 감사하고
네가 있어 감사하고
함께 해서 감사하고

사랑이란 종교의 두 명의 신자들이
손을 마주 잡고 사랑 아래 사랑이란 기도를
영원한 감사함에 영원한 사랑이 따르길

사랑해 사랑해요 사랑합니다

사요나라

독도를 산다고 한다
차라리 나라를 사지
나라 사요 외친다면
일본과는 사요나라

3부

연락

사진

누군가의 기쁨
누군가의 슬픔
누군가의 마음
누군가의 추억
누군가의 이야기

사회

예전 친구 중에
전교 1등하는 친구랑 꼴등하는 친구가 있었는데
둘이 정말 단짝처럼 붙어 다녔어

근데 한 명은 특목고 가고
또 한 명은 특성화고 가고
둘은 연락도 안 하고 남처럼 지내더라고

그토록 함께 학창 시절을 단짝 친구로 지낸
그 둘이 사회로 나갈 때면
둘은 여전히 친구 사이겠지?

삶

죽은 자에겐 살고 싶다는 것은 욕심이지만
살고 있는 자가 죽고 싶다 하는 것은 사치이다

섭섭함

자꾸 부르고
자꾸 부르고
힘들게 불러 봐도
휙 돌아서 쳐다보지도 않는 너에게
섭섭하다

성적

해서 이 점수인 건지
해도 이 점수인 건지

세 개 난제

의 식 주 중에서는?
당연히 먹는 게 중요하지!
돈 꿈 대학 중에서는?
음… 글쎄?

솔직히 말해

서울대 나와도
거만해서 회사에서 안 뽑는대
서울대 나왔는데
사업 실패해서 노숙자래
서울대 나와도…
솔직히 말해 부러우면 부럽다고

수능 공부

우리가 하는 수능 공부는 로또야
숫자만 잘 맞추면 장땡이잖아

수능 공부 2

미국에 후배 한 명이 있는데
걔한테 영어로 메일 오면
그걸로 변형 문제 만들어 보게 돼

시간

시간 같은 사람이 돼야지
뒤돌아서 후회하지 않고
목표를 두고
한 방향만 보고 달려가잖아

그래서 우리는 시간을 앞서갈 수 없고
시간을 좇아가기만 하는 거야

시키는 대로

입학하라 해서 했어
등교하라 해서 했어
교복 입으라 해서 입고
머리 자르래서 잘랐어
앉으라 해서 앉아서
수업 들으라 해서 듣고
보충수업 들으래서 듣고
야자 하라 해서 하고
이것저것 하라 해서 하고
이것저것 쓰라 해서 쓰고
졸업하라 해서 하고
대학 나오라 해서 나왔어

이젠 뭐 하지?

시험 전야

내가 다 아는 건지
공부하는 방법을 모르는 건지
어딜 공부해야 할지 모르는 건지
분명 책 펴면 다 아는 듯하면서도

막상 시험지 펴면 이런 게 있었나 의심한다

신호등

신호등 초록 불이
깜빡깜빡거린다고
너무 급하게 뛰어가지도 다급해하지도 마
조금 여유롭게 걸어가
조금만 기다린다면
다시 초록불이 들어올 테니까

아직 살 만한 세상

영화 시간 늦을라 택시를 탔더니
택시 기사님 갸웃거리던 아주머니를 보고 하시는 말씀이
학생, 좀 내려줄 수 있나?
아기 엄마랑 애들 좀 먼저 태우려고

이 세상,
아직 살 만한 세상이구나

악마와 사람

내 앞에 악마와 사람이 있다면
사람 아닌 악마를 따르리

이 세상 믿을 사람 하나 없기에
사람 아닌 악마를 따르리

* 세상에는 믿지 못할 사람들이 너무 많다. 나는 다른 사람에게 어떠한 사람일까.

알아요

일어나야지
밥 먹어야지
씻어야지
학교 가야지
학원 가야지
정신 차려야지
숙제 해야지
내일 시험이라며 공부해야지
대학 가야지
이제 그만 자야지

알아요 알아요
몰라서 그러는 것도
못 해서 그러는 것도 아니에요
단지 너무 힘들고 피곤해서 조금 뒤처지는 것뿐이니까
제발 우리에게 너무 뭐라 하지 말아주세요

야식

내가 먹은 치킨 다리가 몇갠데
내 꿈으로 가는 다리는 왜 이리 적을까
이런 족발 같은 세상일지라도
우리 모두 얼굴을 피자

야자

야간 자율학습
야간 자율 취침
야간 자율 간식
야간 자율체육
야간 자율 음악
야간 자율독서
야간 자율 양치

어둠이 무서운 이유

어둠이 무서운 이유는
밤에도 온 세상이 빛으로 가득 차서

어둠을 본 적 없기 때문이다

엘리베이터 인생

엘리베이터에 타 올라가고 있는 것뿐인데
뭐가 이리 힘든지
내가 몇 층을 눌렀기에
뭐가 이리 기나긴지

참고 견뎌내기만 한다면 분명 내가 누른 층에 도착할 텐데
사람들은 왜 내려서 계단으로 올라가다 넘어지는지

결국 자기가 누른 층에 도착할 텐데
높은 곳을 눌러서 조금 더 힘들고 기나긴 시간일 뿐일 텐데

여유

시원한 음료 한 잔에
너와 함께 있다면
그만한 여유가 없어
피곤하고 지칠 때면 그런 여유를

너와 함께 즐기고 싶다

연락

이 글을 읽고 있다면
눈을 감고 생각해 보세요
똑같은 일상을 반복하다 보니 잊고 살았던
자신에게는 너무 소중한 추억
그리고 그 이야기 속 주인공들을
그 동화 속 주인공들은
지금쯤 어떤 삶을 살고 있는지 궁금하시지 않은가요?
손가락 몇 번 까딱이면
우리는 우리의 너무나 소중한 추억 속 사람들을
다시 만날 수 있을 거예요

연애 중

친해지고 싶어서
이것도 주고
저것도 주고
이런 얘기
저런 얘기
위로도 해 주고
내 장점도 다 얘기해 줬는데

결국은

연애는 초콜릿

연애는 초콜릿 같은 거야

처음에 설레는 마음으로 초콜릿 한 입 먹을 때는 기분 좋고 달달하다가도

그 끝 맛은 씁쓸하잖아

4부

우리의 꿈

오늘

오늘 하루 너무 힘들었다
오늘 하루 너무 슬펐다
오늘 하루 너무 기뻤다

그래서 오늘 하루가
내일이 오고 모레가 오더라도
그 어느 날 즈음엔 기억 남는 오늘이 됐다

오직 한 사람

사랑이 오려는지
자꾸 심장이 떨려오더니
사랑이 가려는지
자꾸 가슴이 떨려온다

누군가 오거나
누군가 떠나도

나를 떨리게 하는 사람은
오직 너 하나뿐이더라

우리의 꿈

국어를 못하면 누군가를 좋아하지 못하나?
수학을 못한다고 누군가를 해코지 하나?
영어를 못한다고 누군가에게 자기 생각을 표현할 수 없나?
과학을 못하면 그저 우주를 좋아해서는 안 되는 걸까?

공부를 못하면 사람이 아닌가?

멋지게 골을 넣는 축구선수가 아니라 그것을 바라보는 벤치에 앉아있는 선수일지라도
사람들을 울리는 노래를 부르는 가수가 아니라 그 뒤에서 조용히 코러스를 부르는 사람일지라도
카메라 세례를 받는 레드 카펫 위에 배우가 아니라 지나가는 행인 역을 맡은 사람일지라도

자신이 하고 싶고 좋아하는 일을 하는 것은 정말 행복할 텐데 왜 단지 그렇게 사는 것은 힘겹고 어려운 삶일까

맨날 꿈을 가지라고

맨날 꿈을 믿으라고
맨날 꿈을 떠들어 대지만
그 꿈들조차 종이에 적힌 점수로만 이룰 수 있다

우리의 꿈은 종이에 점수가 올라가는 것이 아니라
우리가 좋아하는 일을 하는 것인데

그게 우리의 꿈인데
단지 그것뿐인데

우리나라

윗집 꼬마들이 밥 달라고 자꾸 쿵쿵 우리 집 천장을 두드린다
옆집 개 한 마리 자꾸 멍멍 짖으며 지 구역이라며 오줌 지리고 간다
이웃이 서로 존중하며 살아가야 하는데
맨날 위에서는 쿵쿵 옆에서는 멍멍
하루도 조용한 날이 없다

월요일

어차피 또 보게 될 텐데
너무 미워하지도 싫어하지도 말아요

유토피아

볼 수 없는 것들과 산다
행복, 슬픔, 사랑, 우정, 꿈

보이지 않는 행복에 웃으며 살아가고
보이지 않는 슬픔에 눈물 흘리기도 하며
보이지 않는 사랑에 가슴 뛰며
보이지 않는 우정에 의리를 느끼며
보이지 않는 꿈을 향해 살아간다

태어나 참회에 길을 걸을 때까지 그것들이 어떻게 생겼는지 조차 볼 수 없지만
우리는 그것들과 또 그것들을 위해 산다

볼 수 없는 행복, 슬픔, 사랑, 우정, 꿈
그들과 아침 인사를 나눌 수 있는 곳이야말로
유토피아가 아니던가

의지

다음에는 진짜 아껴 써야지
다음 시험 진짜 열심히 해야지
다음에 애인이 생긴다면 진짜 잘 해줘야지
다음에 만나면 진짜 사과해야지
다음에 하면 되지
다음… 다음…

그렇게 과거에 수없이 외친 의지라는 사람의 다음은 지금인데

왜 난 아직도 지금이 아닌 다음을 외치고 그 다음은 후회가 되어가는 걸까

이별한 친구에게

왠지 몰라도 이별을 했구나
후회되는지 속 시원한지 묻지는 않겠다만 화나고 슬픈 건 당연할 테지

허나 추억이란 달콤한 케이크 한 조각 위에 장식이라 생각하고 못 먹는 장식 잠깐만 보고 얼른 버려 버려라

너에겐 아직 너의 친구들과 주변 사람들이라는 달콤한 케이크가 있고 이번 이별로 다음번 케이크에는 장식 아닌 진짜 초콜릿 조각을 올릴 수 있게 됐잖니

잃는 것 없이 어떻게 처음부터 완벽한 사랑만이 꽃 피겠니
오글거리는 이 친구의 글을 읽고 있을 이별한 친구야

파이팅이다

이상형

난 무슨 형 같아?

A? B?

아니 아니

그럼?

이상형 같아

익스트림 스포츠

뭐하러 그런 거 해
지금 우리가 이 세상을 사는 일 자체가
가장 위험하고 어려운 일인 걸

일찍 핀 꽃

일찍 핀 꽃을 부러워 마라
일찍 핀 꽃은 그만큼 먼저 질 터이고
아예 피지 못한 꽃도 있나니
너의 꽃이 아직 피지 않았다도 불평 말아라

잎

오늘은 오려나 너는
내일은 오려나 너는

바람에 날아가 찾아볼까 너를
바람이 불 때마다 흔들리는 나 자신이

고인 물웅덩이에 비친 날에는
그대가 찾아줄까 하는 기대감의 바람에 날아올라
끝없는 여정에 그대를 찾아 떠나리라

또 한 번의 꽃이 피는 시절이 찾아오더라도
나 이제 돌아오지 않을 설레임의 여정을 떠나리라

자동차

조수석에 태워놓고
너 가고 싶은 대로 가라
빨리 달려라

재촉하지 마세요

잔소리

끈기가 없다
노력을 안 한다
해 보지도 않는다

너무 그렇게 잔소리 마요

매일 같이 이른 아침 단잠에서
일어나는 일이 가장 힘든 일이니까

전교 1등

같이 영화 보고
같이 게임 하고
같이 음악 듣고
같이 야자 째고

공부 하나도 안 했다면서 찡찡대던 녀석

정류장

기다림에 익숙한 나인데
왜 널 기다리는 건 힘들까

차라리 버스처럼
네가 나에게 오는 데 얼마나 걸릴지 알았으면

조퇴증

야자시간만 되면
왜 이렇게 아픈가 했더니
나만 그런 건 아니었네

종이 인간

태어나서 종이에 출생신고를 하며
종이에 적힌 점수와 종이에 적힌 자료로 평가되고
종이 한 장으로 사랑하는 사람이라고 증명하며 온갖 종이 통지서를 해결해 가며 살다가
죽고 나서 종이에 사망신고를 한다

태어나 종이에 기록되고
살면서 종이로 평가받다
죽어서 종이로 기억되는

우린 종이 인간이다

주제 파악

예쁜 여자 좋지
잘생긴 남자 좋지
착한 여자 좋지
키 큰 남자 좋지
내조 잘하고 돈 많으면 좋지
배려심 많고 똑똑하면 좋지
차 있고 집 있으면 좋지
저 남자 아깝지
저 여자 아깝지
근데 이리도 많은 조건에 남들을 보는 너
그런 조건 따질 시간에 네가 그 조건에 맞는 사람이 되도록 노력해 봐

그러니까 거울 좀 보라고

진짜 친구

미안하다 진짜 친구야
나는 네가 물에 빠지면 구해줄 수가 없어
너의 입이 너무 무거워서 금방 가라앉아서 말이야

입만 살아서
살려달라며 허우적거리는 저 친구를 구할 수밖에 없어서
미안하다 진짜 친구야

5부

폭포

짝사랑

바라만 보면서
바라는 거야?

짝사랑 2

내일 또 만나는데
왜 이렇게 보고싶지

짝사랑 3

우리 학교에 이쁜 애가 많았으면 좋겠다
내 사랑 그만 쳐다보게

추억

추억을 되새기는 날에는
내가 찾아가 기다리는 것보다
누군가 나에게 다가와
반갑게 미소 띠며 인사해주었으면

교문

빨리 나가고 싶어 했던 이 문이
언젠가
빨리 가보고 싶어 하는 이 문이
되겠지

카톡

1과 함께 너에 대한 정도 사라져 버려
가식적이라도 좋으니
나에게 몇 마디 끄적여 주라

콜라

언젠가 우리들 꿈이 콜라 같다는 생각을 한 적 있어
컵에 쪼르륵 채워질 때는 한가득 넘칠 듯하다가도
막상 보면 물거품처럼 사라져 있잖아

물거품 사라지고 나면
검정 것들만 남아 있어
그걸 마시면 얼마나 톡톡 튀고 목 따가운지

그래도 우린 그걸 계속 마신다

크리스마스

크리스마스가 예수 탄생일인 건지
커플 탄생일인 건지
거리에 트리마다 두 개의 그림자들이 빛나고 있다
물론 그쪽에서 보는 여기 트리에는 한 개의 그림자가 있겠지
만

태극기

이렇게 바람은 부는데
왠지 오늘은 태극기가 펄럭이지 않는다

부끄러운 일이라도 생겼나 보다

-세월호 희생자분들의 명복을 빕니다-

폭포

떨어지고 있다고
너무 두려워하지도
너무 무서워하지도 마라

거침없이 확 떨어져 버려 그냥
그렇게 떨어져도 결국 너는
끝없이 펼쳐지는 바다로 나아갈 테니까
자신을 가지렴
거침없는 저 폭포처럼

품절남

젊어서 고생은 사서 한다던데
사실 분 계신가요?

하늘 위 나무

하늘 위 다른 세상에 솟아난
나무
사람들 손이 닿지 않도록 도망가나 보다

하늘

해는 지금 지면 내일 다시 떠오르지만
우리는 지금 져 버리면 떠오르지 않는다

해가 지고 달이 뜨고 수없는 별들이
밤하늘을 수놓고 거센바람이 해를 다시 떠오르게 할지라도

한결같이 변치 않는 그런 "변화는 있어도
변함 없는" 하늘 같은 사람이 되는 건 어떨까

하루 살이

나는 오늘 하루
희망 없는 날이라도 멋진 하루를 사는
하루살이에게 부끄럽지 않을
멋진 하루를 살았을까

해바라기

네가 빛날 때만 바라보고
져 버릴 적에는 등져 버리는
그런 해바라기 같은 사람은
만나지 마라

그 해바라기는 네가 아닌 그저 빛을 바라는 것이니

네가 빛나도 빛나지 않아도
오로지 너만을 바라봐 줄 사람을 만나라

확률

확률이 낮아서 자신이 없는 게 아니라
확률을 따지는 것이 자신이 없다는 것이다

후아유

처음 본 순간은
아마 교탁 앞에 서 자기소개를 하던 때였을 거야
전학생인가 생각했지

좀 더 일찍 오고
같이 조회도 하고
수업도 같이 하고
같은 급식을 먹으며
야자시간도 함께 보내지만

짝꿍도 없고
친구들 함께 찍은 이미지 사진에도 없고
교실에 없어도 찾지 않는
너는 누굴까
우리랑 같은데 다른
너는 누굴까

아, 늘 함께 하는 것은 아니지만

우리의 뒤에서 함께 이 나날을 보내는
다시 한번 학교와 세월을 함께하는
너의 이름을 이제야 알게 되었구나
선생님, 감사합니다

황혼의 밤바다

황혼의 바람이 불어 가고 홀로 남은 밤바다
무엇 아름답다 찾아주겠느냐 한다
황혼의 바람이 돌아오고 홀로 뜨는 저 해님
어찌 홀로 남아 빛을 바라느냐 한다

바다가 진정으로 빛날 적은
해님이 진정으로 빛날 땐지라
해님 있어야 빛나는 바다
바다 있어야 비추는 해님
앞으로도 해님과 바다가 함께 하기를

금빛 장관을 이룰 너희는 알 테지
혼자서는 절대 빛날 수 없다는 것을
함께 뜨고 함께 지는 너희의 빛
참 밝다

흔들바위

흔들리고
몇 번이고 흔들려도

절대 떨어지지 않아

아무리 흔들려도 흔들바위 같은 사람이 되길

흰 장미

너무 가시를 뽐내지 않는
순수한 한 사랑을 피워주세요
그게 비록 제가 아니더라도
그 누군가와는

힘내

이코노미석이던
비즈니스석이던
퍼스트석이던

가는 방법은 좀 달라도
목적지는 같잖아

너무 기죽지 말라고

잠깐이면 빠져드는 시

박상호

인쇄 2015년 09월 21일
발행 2015년 09월 25일

지은이 박상호
발행인 서정환
펴낸곳 신아출판사
주소 전북 전주시 완산구 공북 1길 16(태평동 151-30)
전화 (063) 275-4000 · 0484 · 6374
팩스 (063) 274-3131
이메일 shina2347@naver.com sina321@hanmail.net
출판등록 제465-1984-000004호
인쇄 · 제본 신아출판사

ISBN 979-11-5605-262-3 03810   03810
값 10,000원

이 도서의 국립중앙도서관 출판시도서목록(CIP)은 서지정보유통지원시스템 홈페이지(http://seoji.nl.go.kr)와 국가자료공동목록시스템(http://www.nl.go.kr/kolisnet)에서 이용하실 수 있습니다.(CIP제어번호: CIP2015025600)

Printed in KOREA